HIJO, ¿QUÉ COCINAMOS?

ExLibric

FRANKLIN MANRIQUE

HIJO, ¿QUÉ COCINAMOS?

EXLIBRIC
ANTEQUERA 2025

HIJO, ¿QUÉ COCINAMOS
© Franklin Manrique
Diseño de portada: Dpto. de Diseño Gráfico Exlibric

Iª edición

© ExLibric, 2025.

Editado por: ExLibric
c/ Cueva de Viera, 2, Local 3
Centro Negocios CADI
29200 Antequera (Málaga)
Teléfono: 952 70 60 04
Fax: 952 84 55 03
Correo electrónico: exlibric@exlibric.com
Internet: www.exlibric.com

ISBN: 979-13-87944-57-5
Depósito Legal: MA 1434-2025

Impresión: PODiPrint
Impreso en Andalucía – España

Nota de la editorial: ExLibric pertenece a Innovación y Cualificación S. L.

FRANKLIN MANRIQUE

HIJO, ¿QUÉ COCINAMOS?

Introducción

«Hijo, ¿qué cocinamos?». Esa fue la pregunta que marcó el inicio de todo. La hacía Mamá Yola, mi abuela, mientras caminábamos del campo a casa en una tarde cualquiera, cuando yo apenas tenía seis años. No era solo una consulta cotidiana: era una invitación al arte, al cariño, a la tradición que llevaba en las manos y en el corazón. Ese día preparamos una sopa seca que aún puedo saborear en la memoria y, sin saberlo, encendimos juntos el fuego de mi vocación.

Mi nombre es Franklin Manrique, y esta es mi historia: la historia de un niño curioso que se convirtió en cocinero; de un joven que aprendió del esfuerzo, del error y del sabor. Es también la historia de mi familia, de mis hermanos Javier y Jean, de nuestra Mamá Yola, de las raíces chinchanas y cañetanas que nos dieron identidad. Es la historia de fogones peruanos y asiáticos, de playas, concursos, premios y migración. Y, sobre todo, es un homenaje a la cocina con alma: esa que se prepara con las manos, con el corazón… y con recuerdos.

Aquí encontrarás recetas con historia, sabores con anécdotas, momentos que marcaron mi camino. Este libro es para ti, que amas la cocina tanto como yo, y para todos los que alguna vez escucharon esa sencilla pero poderosa pregunta: «Hijo, ¿qué cocinamos?».

Prólogo

Dicen que uno no elige el camino, que a veces el camino te elige a ti. Mi historia comenzó con una sopa seca y una conversación sencilla con Mamá Yola, mi abuela, mientras regresábamos del campo. No imaginaba que aquel instante marcaría el inicio de una vida entera dedicada al sabor, al fuego y al alma que tiene la cocina.

Este libro no es solo un recetario: es una bitácora de vida, de momentos que me formaron como cocinero y como persona. Cada plato que presento aquí está acompañado de una historia, de un recuerdo imborrable, de un aprendizaje y de mucho corazón.

Desde nuestras primeras aventuras en la cocina con mis hermanos, el nacimiento de Hermanos Manrique Cevichería, los concursos, los viajes, las giras, hasta mis días en Europa —donde llevé el Perú en cada cucharón—… todo está aquí.

Y hoy, mi mayor motivación tiene nombre y apellido: Lucas Matheo, mi hijo, mi motor, mi inspiración. Él es la razón por la que quiero dejar este legado escrito.

Este libro se llama *Hijo, ¿qué cocinamos?* porque resume todo lo que soy: chef, padre, nieto, hermano, soñador. Y porque en cada plato, cada aroma y cada recuerdo hay una conversación con el alma.

¡Gracias por abrir estas páginas y acompañarme en esta aventura de tradición, sabor y corazón!

Chef Franklin Manrique

El fuego de la herencia

En el año 2011 comenzó la aventura que marcaría nuestras vidas: la entrada al mundo de la hostelería. Somos los hermanos Manrique y llevamos en la sangre la tradición de la cocina gracias a una mujer legendaria: nuestra abuela, Mamá Yola.

Ella era mucho más que una cocinera. Proveniente de Chincha y radicada en Cañete, Mamá Yola fue una figura muy reconocida por su maestría en la cocina tradicional cañetana. Sus sabores, su sazón y su entrega al arte culinario fueron las raíces que sembraron en nosotros un amor profundo por la gastronomía.

Javier, mi hermano mayor, fue el primero en seguir el llamado de esa herencia. Se formó profesionalmente como chef, decidido a mantener viva la tradición familiar. Luego vino Jean Carlos, mi segundo hermano, quien también eligió este camino y trabajó en grandes empresas del rubro, llevando con él la esencia de nuestra cocina.

Yo soy Franklin Manrique, el menor de los tres. En 2016 di mis primeros pasos en este mundo con una base sólida: nuestra historia, nuestra abuela y el legado familiar que arde como una llama en nuestro corazón.

Esta es mi historia: una travesía llena de aventuras, tradición y sabor. Bienvenidos a este viaje donde cada receta es un recuerdo y cada plato, un homenaje.

1. Sopa seca con azuquita

Tenía apenas seis años y ya sabía que los mejores momentos de la vida comenzaban con la frase: «Hijo, ¿qué cocinamos?».

Mamá Yola, como todos la conocían —aunque para mí siempre fue simplemente «mami»—, era más que una cocinera. Durante el día trabajaba en el campo, fuerte como pocas, y por la tarde se transformaba en maga de los sabores. Esa tarde la acompañé, caminando a su lado mientras el sol cañetano bajaba despacito y nosotros hablábamos como dos cómplices de cocina.

—Hijo, ¿qué cocinamos? —me preguntó con su voz de cariño eterno.

—Mami, algo rapidito nomás… una sopa seca. Y con azuquita al final, ya está —le respondí sin dudar, porque ya conocía esa magia.

Cuando llegamos a casa, su ritual comenzó. Con la delicadeza de quien conoce cada ingrediente como a un viejo amigo, picó cebolla y ajos, y dejó caer un chorrito de aceite en la olla. El sonido del sofrito fue como música. Luego la vi cortar el tomate en *brunoise* —aunque en ese entonces yo no sabía que se llamaba así— y rallar zanahoria con ese ritmo sereno que solo tienen las manos sabias.

—Christian —me dijo, usando el nombre con el que siempre me llamaba—, alcánzame el ají panca y la albahaca.

Le pasé los ingredientes con la solemnidad de quien entrega tesoros. Ella los incorporó con la precisión de un artista y, en segundos, el aire se llenó de un olor tan rico que parecía abrazarte. Los vecinos debieron haberlo olido también, porque ese guiso tenía el poder de despertar memorias. Y mi estómago, claro, empezó a sonar como tambor de fiesta.

Después de unos treinta y cinco minutos de puro amor cocinando, le agregó los tallarines. Diez minutos más tarde, la sopa seca estaba lista. No recuerdo si cenamos en la mesa o en la cocina, pero sí recuerdo el sabor, el calor y esa mirada suya que decía: «comer es quererse».

Esa fue una de las primeras veces que entendí que cocinar no era solo mezclar ingredientes: era un acto de amor, una forma de contar quiénes somos.

Receta de la sopa seca de Mamá Yola (Cañete, Perú), con amor y azuquita

Ingredientes

- 500 g de tallarines (pueden ser gruesos, tipo espagueti)
- 1 cebolla roja grande, picada en cubitos
- 4 dientes de ajo molidos
- 2 tomates medianos, cortados en *brunoise* (cubitos pequeños)
- 1 zanahoria, rallada finamente
- 2 cucharadas de ají panca molido
- 1 puñado de albahaca fresca
- Aceite vegetal (el chorrito justo)
- Sal, pimienta y comino al gusto
- Caldo o agua, lo suficiente para guisar
- Toque final: una pizca de azúcar (opcional, «como decía Christian»)

Preparación

1. En una olla caliente, echa un chorrito de aceite y sofríe la cebolla hasta que esté transparente.
2. Agrega el ajo molido y cocina hasta que todo esté bien doradito.
3. Añade el tomate picado, la zanahoria rallada, el ají panca y la albahaca picada. Cocina a fuego medio hasta que se forme un guiso espeso y fragante.
4. Sazona con sal, pimienta y comino al gusto. Si quieres, agrégale una pizca de azúcar para ese saborcito especial que usaba Mamá Yola.
5. Incorpora los tallarines crudos directamente en el aderezo. Agrega el caldo (o agua) poco a poco, solo lo necesario para que se cocinen sin volverse sopa. La idea es que queden secos, pero bien impregnados de sabor.
6. Cocina tapado a fuego bajo de 10 a 15 minutos, revolviendo de vez en cuando.
7. Cuando los tallarines estén al dente y el guiso bien concentrado, apaga el fuego y deja reposar unos minutos.
8. ¡Y listo! Servir caliente, con cariño y, si se puede, con una presa de carapulcra al costado… como en Cañete.

2. Caldo con coraje

Javier fue el primero de nosotros en ponerse el mandil de chef, pero, antes que eso, ya tenía el alma de cocinero. Cuando empezó a estudiar gastronomía, decidió hacer algo que marcó un antes y un después: nos reunió a todos para cocinar para la familia.

Ahí estábamos, como en los mejores tiempos. Mamá Yola, con su mirada atenta pero suave; Mamá Meche, con esa sonrisa de apoyo incondicional; Jean Carlos, yo y los demás hermanos. Era su primer intento serio, su debut, y el plato elegido fue un *caldo de gallina.*

Lo preparó con entusiasmo, queriendo demostrar que no solo tenía técnica, sino también corazón. Cocinó con todo lo que sabía hasta ese momento... pero, como suele pasar en la cocina y en la vida, algo no salió como él esperaba.

Cuando sirvió el caldo, todos lo recibimos con ilusión. Pero bastó el primer sorbo para notarlo: estaba algo salado.

Nadie dijo nada. Comimos en silencio, con respeto y cariño. Porque en esa mesa lo más importante no era la perfección del plato, sino el esfuerzo del cocinero. Y Javier, aunque callado, lo supo. Lo vio en nuestras miradas. Lo sintió.

Pero no se rindió.

Al día siguiente, volvió a cocinar. Esta vez preparó un ceviche, con todo el cuidado, con todo el amor, con toda la fuerza de quien no se deja vencer. El resultado fue espectacular: el jugo exacto, el punto del limón, el ají con carácter. Un ceviche de esos que te sacan un «¡caramba!» sin pensarlo.

Esa fue la primera lección que nos dio Javier, no solo como chef, sino como hermano: **en la cocina, como en la vida, no siempre sale bien a la primera. Pero el que no se rinde termina cocinando grande.**

Receta: Caldo de gallina de Javier

Primer intento, con mucho amor... y un toque de sal

Ingredientes

- 1 gallina (aproximadamente 1,5 kg), cortada en piezas
- 2 zanahorias, peladas y cortadas en rodajas.
- 1 apio, partido por la mitad
- 1 trozo pequeño de jengibre (opcional, pero le da un toque especial)
- 1 ramo de hierbas frescas (perejil, cilantro, orégano)
- 2 papas, peladas y cortadas en rodajas
- 4 huevos duros
- Sal al gusto (ojo con no excederse)
- Pimienta al gusto

Preparación

1. En una olla grande, pon a hervir agua con la gallina. Cocina a fuego lento durante 30 minutos.
2. Añade las zanahorias, el apio, el jengibre y las hierbas frescas. Cocina todo a fuego lento durante una hora más, hasta que la gallina esté tierna y el caldo haya tomado un buen sabor.
3. Agrega las papas y cocina por 15 minutos más.

4. Agrega los huevos cocidos y rectifica la sal al gusto.

5. Sirve caliente, acompañado de arroz blanco o una rodaja de pan casero. ¡Y no olvides un chorrito de limón al gusto!

Y así, a pesar de la sal, lo que importaba era el amor con que se preparó. Javier aprendió en cada cucharada.

Receta: Ceviche de Javier

Segundo día: el ceviche perfecto

Ingredientes

- 500 g de pescado fresco (corvina o cualquier pescado blanco de tu preferencia)
- 1 cebolla morada, finamente cortada en plumas
- 4 limones (su jugo)
- 1 ají limo sin semillas y picado finamente
- 1 diente de ajo molido
- Cilantro fresco, picado
- Sal y pimienta al gusto
- 1 trozo de camote cocido (también conocido como batata o boniato)
- Choclo cocido (también conocido como maíz choclo)

Preparación

6. Corta el pescado en cubos pequeños. Colócalo en un recipiente de vidrio y agrega el jugo de limón. Revuelve bien para que el pescado se impregne del jugo y empiece a «cocerse» con la acidez.
7. Añade la cebolla morada en plumas, el ají amarillo picado, el ajo molido y el cilantro fresco. Mezcla todo con cuidado.

8. Sazona con sal y pimienta al gusto. Si prefieres un toque más picante, agrega un poco más de ají.

9. Deja reposar por unos minutos para que todos los sabores se integren bien.

10. Sirve el ceviche en platos individuales, acompañado de camote cocido y choclo, si lo deseas.

En su segundo intento, Javier nos sorprendió a todos con un ceviche lleno de frescura, equilibrio y, sobre todo, ese toque de cariño que solo un verdadero chef sabe darle.

3. El primer día en la cocina

Lo recuerdo como si fuera ayer: ese primer día en la cocina, el día en que el aceite, el fuego y el ritmo de la olla se convirtieron en mi nueva realidad. Estaba en un ambiente que no conocía, pero que, de alguna manera, sentía tan mío.

Mi tarea era sencilla, pero para mí era un gran reto: pelar patatas y verduras. Nada del otro mundo, pero sí lo suficiente como para sentir que estaba dando mis primeros pasos en un camino que solo unos pocos elegidos pueden recorrer. Mis manos temblaban un poco mientras pelaba las patatas, y no era por el frío, sino por la emoción de estar, finalmente, haciendo lo que tanto había soñado.

Javier estaba ahí, en el centro de todo. Él era mi maestro, mi guía, el que siempre había estado delante de mí, abriéndome el camino. Lo veía moverse con una seguridad que solo da el conocimiento y la experiencia. Cocinaba con una destreza que parecía natural, pero sabía que detrás de cada plato había horas de trabajo, de ensayo y de pasión.

Lo observaba atentamente, intentando absorber cada movimiento, cada gesto, cada truco que parecía tan sencillo, pero que, en realidad, era pura sabiduría acumulada.

Mientras él preparaba un aderezo, me sentí inmensamente orgulloso. No solo porque él fuera mi hermano, sino porque en ese momento entendí que yo también quería ser parte de todo eso. Quería llevar ese fuego dentro de mí, esa pasión por la cocina que no solo se ve en los ingredientes, sino en la manera en que se transforma cada plato.

Era un trabajo silencioso, pero lleno de emoción. El bullicio de la cocina, las voces del equipo, el sonido de los cuchillos, el aroma que lo envolvía todo... todo eso me hacía sentir vivo, como si estuviera exactamente donde debía estar.

Y aunque pelar patatas no parecía la tarea más glamurosa, sabía que en cada patata que pelaba, en cada verdura que cortaba, estaba dando un paso más en mi camino hacia convertirme en lo que soñaba: un chef.

4. La batalla de la cocina

La cocina, como cualquier campo de batalla, tiene su propia guerra. Y ese día el estrés nos golpeó con toda su fuerza. Era un servicio de alto nivel, el tipo de día que te hace cuestionar si realmente tienes lo que se necesita para ser chef.

Recuerdo la presión del reloj, el sonido de las ollas hirviendo, las sartenes chisporroteando, el cuchillo cortando sin cesar. El calor en la cocina era insoportable. No solo por el fuego, sino por la tensión que se podía cortar con un cuchillo.

Las órdenes no dejaban de llegar. Cada plato tenía que salir perfecto. No había margen de error. El equipo estaba a toda máquina, pero algo no fluía bien. La comunicación entre los cocineros se volvió confusa, los tiempos de cocción no coincidían y las cosas comenzaron a desmoronarse lentamente. El estrés se acumulaba y la cocina comenzaba a volverse un caos.

Javier, el líder natural, intentaba mantener el orden, pero la presión se sentía en su voz. Sabía que, como el responsable, todo dependía de él. Yo, aún en mis primeros días, sentía cómo el peso de la responsabilidad le aplastaba los hombros. Y aunque intentaba mantenerme tranquilo, el pánico empezaba a asomar por mi garganta.

En esos momentos, cuando el tiempo se escurre entre los dedos y el caos te rodea, los nervios de todos pueden desbordarse. Las miradas se volvieron más tensas, los gritos más agudos. Las pequeñas tensiones, que normalmente se disipan con una sonrisa, se multiplicaron.

—¡Franklin! ¿Dónde está la salsa para el filete? —gritó uno de los cocineros.

—¡Javier, no me trajiste los ajos! ¿Qué hacemos ahora? —dijo otro, agitado.

La falta de comunicación, el mal manejo de tiempos, el estrés del servicio... todo nos estaba jugando en contra. Pero lo peor fue cuando vi cómo Javier, que siempre había sido el pilar, empezó a perder su compostura. Su rostro se tensó, su cuerpo se agachó, como si todo el peso de la cocina le cayera de golpe.

En ese momento entendí algo importante: la cocina no solo pone a prueba tus habilidades técnicas, sino también tu fortaleza mental y emocional. La presión es un monstruo del que no puedes escapar. Solo puedes enfrentarlo. Y esa vez, el monstruo ganó un poco.

Pero, como todo buen chef sabe, la cocina no perdona, pero también enseña. Después del caos vino la calma. Javier se detuvo un momento, respiró profundamente y empezó a reorganizar todo. Poco a poco, las piezas del rompecabezas comenzaron a encajar de nuevo. No era la cocina perfecta, pero era nuestra cocina, y eso valía.

El servicio terminó y, aunque no fue un éxito rotundo, no fue un desastre total. Más importante aún, todos aprendimos algo esa noche: la presión no puede ser eliminada, pero sí gestionada. Y, en la cocina, nunca puedes rendirte.

5. El plato que cambió todo

Javier era mi referente, mi maestro. Con él a mi lado, todo parecía fácil. Pero la vida en la cocina no es siempre así de sencilla. A veces, la presión es tan grande que todo lo que te han enseñado se pone a prueba. Ese día fue uno de esos días.

Javier tenía dos trabajos, uno por la mañana y otro por la tarde. Estaba constantemente agotado, pero, aun así, esperaba de mí que pudiera manejar las cosas con la misma destreza que él. Yo, recién iniciando, apenas comenzaba a entender los trucos de la cocina. Aunque lo intentaba, no siempre podía seguirle el ritmo. La frustración comenzó a acumularse.

Recuerdo aquel día perfectamente. Estábamos en pleno servicio y yo estaba tratando de hacer todo lo que Javier me había enseñado, pero algo no salía bien. Estaba nervioso, inseguro y, sin darme cuenta, cometí varios errores. Fue entonces cuando, con su carácter firme, Javier me regañó. Su voz era dura y sus palabras me golpearon fuerte. La tensión explotó y discutimos. Sentí que no estaba preparado para lo que él esperaba de mí. Me fui a casa, buscando consuelo en mamá, sintiendo que, tal vez, no sería capaz de seguir sus pasos.

Pero, como siempre, la cocina tiene su manera de enseñarnos. Al día siguiente, Javier me llamó pidiendo disculpas. Sabía que él también estaba bajo mucha presión, pero lo importante fue que comprendió lo que yo necesitaba: paciencia. Volví a trabajar con él, pero algo había cambiado.

Esa misma tarde, Javier tuvo que ir a casa a recoger unas cosas. Me dejó solo en la cocina. Un par de camareras se acercaron y me dieron la orden: «Christian, un pollo salteado, por favor». Mi corazón se aceleró. Javier no estaba y no había sacado ni un plato hasta ese momento. Yo, nervioso, pero sin querer que todo se cayera, recordé cómo Javier lo había hecho antes.

Tomé el pollo, lo corté con la misma forma en la que él lo hacía, agregué un toque de mostaza, sal y comencé a saltear. Probé la sal, asegurándome de que estuviera bien. El calor del fuego me rodeaba, pero ya no sentía miedo. Con cada vuelta del pollo, mi confianza crecía.

«Solo espera y ve qué pasa», pensé.

Cuando terminé el plato, lo serví con seguridad y esperé.

Las camareras se lo llevaron y el silencio en la cocina fue lo único que sentí. Unos minutos después, Javier regresó. Miró el plato; luego, me miró a mí. Se sorprendió y, aunque no dijo mucho al principio, su expresión lo decía todo.

—¿Lo hiciste tú? —me preguntó, con una mezcla de asombro y orgullo en sus ojos.

—Sí, lo hice yo —respondí con una sonrisa.

Esa noche algo cambió. Para Javier, para mí, para todos en la cocina. Ese fue el momento en que me di cuenta de que el destino de un cocinero no siempre se forja con perfección, sino con valentía, con la capacidad de lanzarse al fuego sin miedo a quemarse.

Desde ese día no solo aprendí a cocinar con más confianza, sino que comprendí que, en la cocina, como en la vida, la única manera de crecer es enfrentando la presión y siguiendo adelante, incluso cuando las dudas te rondan.

Receta: Pollo salteado al wok

Ingredientes

- 500 g de pechuga de pollo, cortada en cubos
- 1 cebolla, cortada en gajos
- 2 tomates, cortados en gajos
- 1 ají amarillo (fresco o en pasta), cortado en tiras o rodajas finas
- Un puñado de cilantro fresco, picado finamente
- 2 cucharadas de salsa de soja
- 1 cucharada de vinagre (puede ser de arroz o blanco)
- 1 cucharada de mostaza
- Sal y pimienta al gusto
- Aceite (preferentemente de oliva o vegetal) para saltear

Preparación

1. Preparar el pollo: corta la pechuga en cubos y colócala en un tazón. Añade la mostaza, la salsa de soja, un poco de vinagre, sal y pimienta. Mezcla bien para que el pollo se impregne de los sabores. Deja reposar durante 10-15 minutos.
2. Calentar el wok: colócalo sobre fuego medio-alto y añade un poco de aceite para cubrir toda la base.
3. Saltear el pollo: cuando el wok esté bien caliente, agrega los cubos de pollo y saltea hasta que estén

dorados y bien cocidos (8-10 minutos). Remueve constantemente para que no se quemen y se cocinen de manera uniforme.

4. Agregar las verduras: incorpora la cebolla, el tomate y el ají amarillo. Saltea 4-5 minutos más, hasta que las verduras estén tiernas, pero aún crujientes.

5. Finalizar el plato: añade el cilantro picado y, si lo deseas, un toque extra de salsa de soja. Saltea un minuto más para integrar bien los sabores.

6. Servir: presenta el plato caliente, acompañado de arroz blanco, papas fritas o incluso como plato único. ¡Disfruta de un delicioso pollo salteado al wok!

6. Lecciones fuera de la cocina

A medida que mi camino en la gastronomía avanzaba, me di cuenta de que ser chef no solo significaba saber cocinar bien. Había mucho más detrás de la cocina, algo que no se podía aprender solo con recetas y técnicas. El verdadero reto de ser un buen chef era entender todo lo que implicaba manejar un restaurante, desde los costes hasta la gestión del equipo.

Recuerdo uno de esos días que se grabaron en mi memoria. Estábamos en clase de gestión de restaurante y ese día me sentí realmente inspirado. Nunca imaginé que los números y las fórmulas pudieran ser tan emocionantes. Era increíble cómo todo en la cocina, desde lo que cocinabas hasta el servicio al cliente, estaba interconectado con la economía del negocio.

El cálculo de los costes de las recetas fue uno de los aspectos que más me sorprendió. Durante años veía la cocina como un lugar donde simplemente cocinabas y servías lo mejor posible. Pero en esa clase descubrí un mundo detrás de cada plato. Cada ingrediente y cada herramienta tenían un coste. Incluso el tiempo que se invertía en cada servicio debía ser gestionado. Aprendí que la rentabilidad de un restaurante no solo dependía de lo que se vendía, sino de cómo se organizaba todo.

Nuestro instructor nos mostró cómo calcular los costes de cada receta: desde el precio de cada ingrediente hasta cómo se debía ajustar el precio final del plato para garantizar ganancias. Fue un concepto difícil de entender al principio, pero, a medida que practicábamos, todo empezó a encajar. El cálculo de márgenes de beneficio, la gestión de inventarios y la planificación de menús eran esenciales para mantener un restaurante en pie.

Lo que más me impresionó fue entender que los costes de desperdicio podían afectar gravemente las finanzas de un restaurante. Un solo ingrediente mal utilizado o una mala gestión del inventario podían hacer una gran diferencia en las ganancias. Esa lección me hizo mucho más consciente de cómo debía gestionar la cocina y de la importancia de la eficiencia, no solo en la preparación de los platos, sino también en la administración de los recursos.

Recuerdo cómo, al final de la clase, sentí una mezcla de emoción y responsabilidad. Ya no veía la cocina solo como un lugar para preparar comidas deliciosas, sino como una parte fundamental de un sistema complejo que debía ser cuidadosamente gestionado. Ese día fue crucial para mí porque entendí que la gastronomía no era solo un arte, sino también un negocio.

Después de ese día, cada vez que entraba en la cocina pensaba en cómo optimizar los procesos, cómo evitar desperdicios y cómo hacer que cada plato que preparaba fuera no solo delicioso, sino rentable.

7. El sudado y los choritos en Cerro Azul

Mi primera vez cocinando solo fue en la playa de Cerro Azul, un lugar que quedó marcado en mi memoria. Era un día caluroso, típico de la costa, y el mar parecía brillar con fuerza. Tenía la oportunidad de trabajar con pescados y mariscos frescos, lo que para mí era una gran oportunidad y un desafío al mismo tiempo. El aroma del mar y la brisa constante le daban un toque único a la experiencia.

Recuerdo que ese día preparé dos platos que marcaron la diferencia en mi carrera: un sudado de tramboyo y unos choritos a la chalaca.

El sudado de tramboyo fue uno de esos platos que logré hacer de manera impecable. Decidí hacer una reducción de chicha de jora, algo que le dio una profundidad de sabor única y que aportó una capa extra de complejidad al plato. La mezcla de los ingredientes con la chicha de jora creó una base deliciosa y, al final, el tramboyo se coció perfectamente, logrando esa suavidad que lo hacía único. Cada bocado era un equilibrio de frescura y un toque ligeramente dulce y ahumado, como solo los ingredientes frescos pueden ofrecer.

Los choritos a la chalaca fueron el acompañante perfecto. Les di un toque de picor para realzar los sabores y equilibrar el dulzor del marisco. El picante se integró perfectamente con el frescor del chorito y la acidez de la chalaca, creando una explosión de sabores en cada bocado. Recuerdo que, cuando los serví, las caras de los comensales mostraron esa satisfacción instantánea que solo se logra cuando un plato realmente gusta.

Ese día fue un parteaguas para mí. Estaba solo en la cocina, con la responsabilidad de crear platos que no solo fueran deliciosos, sino que también representaran la frescura y la calidad de los ingredientes que tenía a mi disposición. No solo aprendí a manejar el calor de la cocina, sino también la presión de servir platos que hablasen por sí mismos. No hubo espacio para dudar y lo hice con la confianza que había ido adquiriendo con el tiempo.

Ese día, el sudado y los choritos no solo me dejaron satisfecho a mí, sino que también marcaron un hito en mi vida como cocinero. Fue la primera vez que sentí realmente el poder de crear algo que era completamente mío, que llevaba mi toque personal.

Receta: Sudado de tramboyo con reducción de chicha de jora

Ingredientes

- 500 g de tramboyo (pescado fresco, puedes sustituir por otro pescado blanco si no encuentras tramboyo)
- 2 cucharadas de aceite vegetal o de oliva
- 1 cebolla roja, cortada en pluma
- 2 dientes de ajo, picados finamente
- 2 tomates, picados en cubos
- ½ taza de chicha de jora (reducción)
- 1 taza de caldo de pescado
- 1 ají amarillo (o al gusto), picado en tiras finas
- 1 hoja de laurel
- Sal y pimienta al gusto
- 1 cucharada de cilantro fresco picado
- Jugo de 1 limón
- 1 cucharada de vinagre (opcional)

Preparación

1. Preparar el pescado: lava y corta el tramboyo en porciones adecuadas para el sudado. Salpica con un poco de sal, pimienta y jugo de limón, y deja marinar por unos minutos.
2. Sofrito: en una olla grande o sartén profunda, calienta el aceite y agrega la cebolla, el ajo y el ají amarillo. Sofríe a fuego medio hasta que la cebolla esté transparente, alrededor de 3-4 minutos.
3. Agregar los tomates: añade los tomates picados y cocina por unos minutos más, hasta que se deshagan ligeramente y suelten su jugo.
4. Agregar los líquidos: vierte la chicha de jora (si no tienes chicha de jora, puedes usar una mezcla de vino blanco y azúcar moreno para crear un toque dulce y afrutado). Deja reducir durante unos minutos a fuego lento. Luego agrega el caldo de pescado y la hoja de laurel.
5. Cocinar el pescado: cuando la salsa haya reducido y los sabores estén bien integrados, agrega el tramboyo a la olla. Cocina a fuego lento durante 10-15 minutos, hasta que el pescado esté cocido pero jugoso. Rectifica el sabor con sal, pimienta y un toque de vinagre si lo deseas para darle un toque de acidez.
6. Finalizar y servir: justo antes de servir, espolvorea el cilantro fresco picado por encima y acompaña con arroz blanco o papas sancochadas.

Receta: Choritos a la chalaca con toque de picor

Ingredientes

- 1 kg de choritos frescos (mejillones)
- 1 cebolla roja, cortada en pluma
- 2 tomates, picados en cubos pequeños
- 1 ají amarillo, picado en tiras finas
- Jugo de 2 limones
- 2 cucharadas de cilantro fresco, picado
- ½ taza de maíz cancha (opcional)
- Sal y pimienta al gusto
- 1 cucharada de aceite de oliva
- Un toque ají rocoto (opcional, dependiendo del nivel de picante que desees)

Preparación

1. Cocer los choritos: Lávalos bien bajo agua fría para eliminar impurezas. Colócalos en una olla con un poco de agua y cocina a fuego medio hasta que se abran (5-7 minutos). Desecha los que no se abran.
2. Preparar la chalaca: en un tazón, mezcla la cebolla, el tomate, el ají amarillo, el cilantro y el maíz cancha (si decides agregarlo). Exprime los limones y agrega el jugo a la mezcla.

3. **Añadir el picante:** incorpora ají panca o ají rocoto al gusto y mezcla bien.
4. **Montar:** coloca los choritos en una bandeja y cúbrelos con la mezcla de chalaca.
5. **Servir:** decora con cilantro fresco, sal y pimienta, y sirve de inmediato.

8. El concurso gastronómico y el ceviche Manrique

Recuerdo como si fuera ayer la mañana en la que todo comenzó. Era una madrugada en Lima, la ciudad que siempre había sido mi hogar y donde mi madre, mi principal apoyo, estaba conmigo en cada paso que daba. Ese día nos dirigimos al terminal pesquero en busca del mejor pescado, la base de un ceviche perfecto. Sabía que debía encontrar algo excepcional y, para esa ocasión tan importante, elegimos lenguado, un pescado suave y fresco que sería el protagonista de nuestro ceviche.

Era el día del concurso y, al llegar a casa, toda la familia estaba reunida esperando. Javier, mi hermano mayor, fue una gran ayuda. Sabía que debía estar a la altura de las expectativas y él, con su experiencia, me dio ese empujón final de confianza para que todo saliera perfecto. Nos sentamos juntos y me ayudó a preparar cada detalle del plato: desde el corte perfecto del pescado hasta el toque de especias y limón que lo harían especial.

El ceviche que preparamos no fue un plato más: fue nuestra creación, nuestra herencia culinaria. Lo llamamos Ceviche Manrique, en honor a la familia, a todo lo que habíamos aprendido juntos a lo largo de los años. El nombre resonaba con fuerza, como una promesa de que íbamos a dar lo mejor de nosotros en cada bocado.

Recuerdo el momento en que el jurado probó nuestra preparación. Todos los sabores se unieron en una danza perfecta: el frescor del pescado, el ácido del limón, el picante justo del ají y ese toque especial que solo nosotros sabíamos darle. Cuando anunciaron el ganador, el nombre del Ceviche Manrique fue proclamado con fuerza.

Fue una sensación indescriptible: la satisfacción de saber que todo el esfuerzo, todas las madrugadas y horas de preparación habían valido la pena.

Esa victoria no solo fue un premio a nuestra habilidad en la cocina, sino también a la unión familiar, al trabajo en equipo entre mi madre, mi hermano y yo. Fue el resultado de años de pasión por la cocina, de aprendizaje y sacrificios. Y ese trofeo que nos llevamos a casa no solo representó el reconocimiento al mejor ceviche, sino que también marcó el inicio de un camino más grande para mi carrera como chef.

Receta: Ceviche Manrique mejorado

Ingredientes

- 500 g de pescado fresco (preferiblemente lenguado, corvina o cualquier pescado blanco de buena calidad)
- 200 g de gambones (también pueden usarse camarones o langostinos)
- Jugo de 8 limones (aproximadamente)
- 1 ají limo (ajustar al gusto para controlar el picante)
- ½ cebolla roja, cortada en pluma
- Un puñado de cilantro fresco, picado finamente
- 100 g de maíz cancha (chulpi)
- Sal y pimienta al gusto
- Un trozo pequeño de jengibre fresco (rallado o picado finamente)
- Unas ramas de apio, picadas finamente
- 200 g de camote (batata o boniato)
- ½ taza de fumet de pescado (o caldo de pescado casero)

Preparación

1. Preparar el pescado y los gambones: corta el pescado en cubos de tamaño uniforme. Si usas gambones o camarones, pélalos y córtalos en mitades o en trozos pequeños. Colócalos en un tazón grande.
2. Exprimir los limones: exprime los limones frescos, colando las semillas. Vierte el jugo sobre el pescado y los gambones. Deja marinar de 10 a 15 minutos. El ácido del limón «cocina» el pescado y lo suaviza.
3. Agregar el ají y el jengibre: corta el ají limo en rodajas finas, retirando las semillas si prefieres un sabor menos picante. Añade el ají y el jengibre rallado al tazón. Mezcla suavemente.

4. Incorporar la cebolla y el cilantro: añade la cebolla en pluma, el cilantro fresco y el apio. Aporta frescura y textura crujiente.

5. Sazonar: agrega sal y pimienta al gusto. Mezcla bien.

6. Añadir el fumet: vierte un poco de fumet de pescado (o caldo casero) para darle mayor profundidad de sabor. Esto hará que el ceviche tenga un toque más suave y sabroso.

7. Dejar reposar: deja reposar de 5 a 10 minutos para que los sabores se integren. Evita dejarlo marinar demasiado para que el pescado no se pase de cocción por el ácido.

8. Servir: sirve bien frío, acompañado de camote sancochado (batata), maíz cancha o choclo. También puedes añadir hojas de lechuga si lo deseas.

9. Hermanos Manrique Cevichería: la cocina llena de pasión

Después de años de esfuerzo, sacrificio y aprendizaje, llegó el momento de materializar nuestro sueño: abrir nuestro propio restaurante. Hermanos Manrique Cevichería nació en Cerro Azul, Cañete, el lugar que nos vio crecer y que ahora sería testigo de cómo convertíamos nuestra pasión por la cocina en un espacio para compartirla.

Javier, Jean y yo unimos fuerzas, cada uno con su propio enfoque y estilo, pero todos con el mismo amor por la comida que nos transmitió nuestra abuela, Mamá Yola. Queríamos que la cevichería no fuera solo un sitio donde comer, sino un lugar donde se viviera la gastronomía como una experiencia completa.

Cada plato era una obra de arte hecha con cariño y dedicación. El ceviche, nuestra especialidad, era solo el comienzo. Desde el Ceviche Manrique, hasta los choritos a la chalaca, la sopa seca y muchos otros, cada receta tenía un toque único, como los recuerdos que compartíamos en la cocina familiar. Pero más allá de la comida, queríamos transmitir nuestra pasión, la misma energía que nos acompañó en nuestros primeros pasos como cocineros.

Con cada cliente que llegaba, sentíamos que estábamos logrando algo importante. No solo cocinábamos para ellos: compartíamos nuestra historia, nuestra tradición, nuestro amor por la cocina. Cada plato llevaba un pedazo de nuestra familia, de nuestras vivencias, y eso era lo que nos hacía únicos.

10. La gira por el Perú: promoviendo el consumo de pescado azul

Una de las experiencias más gratificantes de mi carrera fue formar parte de una gira por el Perú organizada por el Ministerio de Producción, cuyo objetivo era promover el consumo de pescado azul, rico en hierro y omega 3El objetivo era acercar a las personas a la importancia de incluir estos pescados en su dieta diaria, promoviendo una alimentación más saludable.

El viaje comenzó en Tacna, donde asistimos a la inauguración en el Puerto de Morro Sama, un lugar estratégico que nos permitió conocer de cerca la crianza del lenguado, uno de los pescados más apreciados. Ver el proceso de cría responsable me ayudó, como chef, a comprender mejor la calidad y el esfuerzo que hay detrás de cada plato que llega a la mesa.

Recorrimos varias ciudades y comunidades enseñando a las personas la importancia de incluir el pescado en su dieta diaria. Mediante talleres y demostraciones culinarias mostramos cómo preparar platos deliciosos y saludables con pescado, dándoles ideas para incorporar estos ingredientes en su vida diaria. Fue emocionante ver cómo la gente se interesaba y se entusiasmaba con las posibilidades culinarias del pescado, algo que me apasiona profundamente.

No solo fue un recorrido de aprendizaje y enseñanza, sino también una aventura que me permitió
descubrir el Perú de una manera distinta: sus recursos
pesqueros, sus tradiciones gastronómicas y cómo
aprovechar lo que la naturaleza nos brinda para vivir
de manera más saludable.

11. Los años de oro: reconocimientos y logros

Los años 2018, 2019 y 2020 marcaron un antes y un después en mi carrera como cocinero. Fueron años de esfuerzo, pero también de reconocimiento.

En 2018 recibí un premio muy especial: la Cuchara de Oro, otorgada por la Asociación de ARMAP. Este galardón reconoce a los mejores chefs del Perú y fue un verdadero honor formar parte de esa lista. Me sentí profundamente agradecido y motivado a seguir perfeccionando mi arte en la cocina, sabiendo que mi trabajo estaba siendo valorado.

En 2019, la revista *Destinos Perú* me otorgó el Premio Praxis, un reconocimiento sudamericano que me llenó de orgullo. Recibir este premio fue un gran impulso, no solo para mí, sino también para toda mi familia, que siempre me ha apoyado incondicionalmente en cada paso de mi carrera.

Y en 2020 llegó otro gran honor: la revista *Miradas* me entregó el Premio Miradas, que también recibieron chefs de la talla de Virgilio Martínez y Gastón Acurio. Compartir ese reconocimiento con figuras tan importantes de la gastronomía fue algo que jamás olvidaré. Este premio me recordó lo afortunado que soy de ser parte de una comunidad culinaria tan talentosa y unida.

Estos premios no solo reflejaron mi trabajo, sino también el de mi familia, colegas y todas las experiencias que me han formado y de mi constante búsqueda por mejorar y compartir mi pasión por la cocina. Cada galardón fue un peldaño más en mi camino y una motivación para seguir soñando y creando.

12. Mi viaje a Europa: cruzando fronteras con sabor peruano

Mi viaje a Europa fue una decisión que marcó un nuevo rumbo en mi vida. Dejé Perú con la firme intención de llevar la tradición culinaria de mi familia más allá de las fronteras. La cocina no solo era un oficio: era parte de mi identidad, y quería compartir ese legado.

Comencé en Roma, Italia, donde trabajé unos meses en un restaurante. Aunque la experiencia fue valiosa, no logré adaptarme completamente a la ciudad. Por eso tomé la decisión de mudarme a Madrid, España, en busca de un nuevo comienzo.

En Madrid encontré mi lugar. Trabajé en restaurantes peruanos muy reconocidos, frecuentados por artistas y compatriotas que buscaban un sabor auténtico de casa. Era un honor ver cómo cada plato provocaba recuerdos, emociones, sonrisas. Luego llegó una experiencia que me marcó profundamente: trabajar en un asador de pollos a la brasa muy conocido en la ciudad.

Allí conocí a don Obdulio, un maestro pollero ya de edad avanzada, un poco renegón, pero con un corazón enorme y una pasión por la cocina que contagiaba. A pesar de los años, seguía trabajando con la misma entrega, llenando estómagos de sabor y tradición. Lo quise mucho al viejito. De él aprendí más que técnicas de cocina: aprendí humildad, constancia y la esencia del verdadero servicio.

Ese asador fue una escuela. Descubrí el arte de vender mucho a bajo precio; entendí que el secreto estaba en el coste bien controlado de las recetas y en el *marketing* de ventas, ese que no solo atrae clientes, sino que los convierte en familia.

Fue allí donde sentí por primera vez que tenía la capacidad de ver más allá del plato. Fue el punto de partida de una nueva etapa en mi vida: la de chef consultor.

Ayudar a otros emprendedores a estructurar sus cocinas, mejorar sus cartas, optimizar sus recursos y potenciar sus marcas se volvió mi nueva misión. Y todo comenzó ahí, entre brasas, pollos girando y las sabias palabras de don Obdulio.

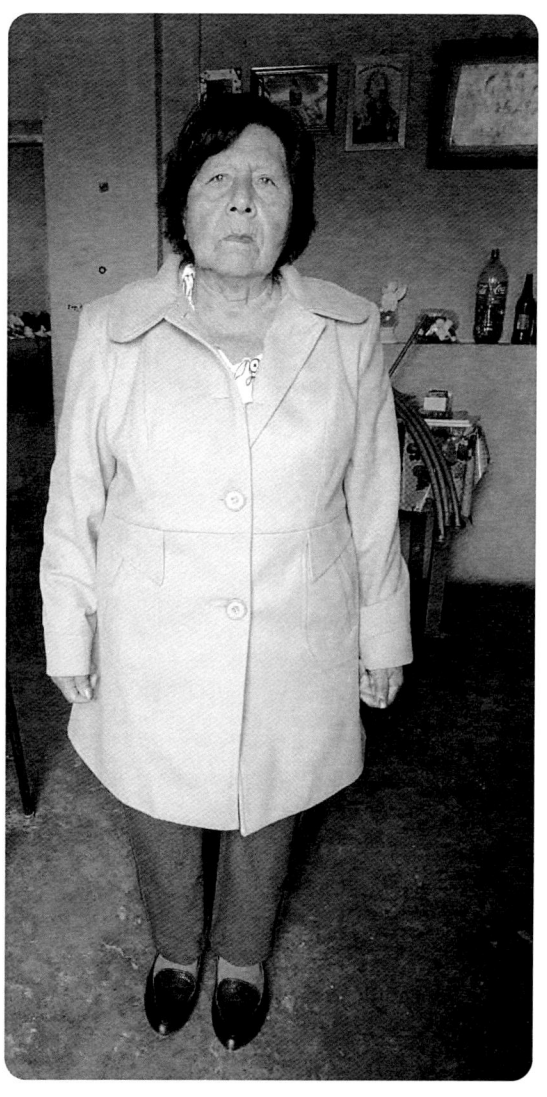

Receta: Pollo a la brasa estilo Franklin Manrique

Tradición con identidad propia, directo del corazón del maestro

Ingredientes

- 1 pollo entero (de 1,45 a 1,6 kg), bien limpio
- 1 cucharada de sal
- 1 cucharadita de pimienta negra
- 1 cucharadita de comino
- 1 cucharada de orégano seco
- 1 ramita de romero (o ½ cucharadita seco)
- 2 hojas de laurel
- 1 cucharada de mostaza
- 250 ml de cerveza rubia
- 1 trozo pequeño de jengibre rallado
- 1 ramita de tomillo (o ½ cucharadita seco)
- 5 o 6 dientes de ajo molidos

Preparación

1. Aderezo base: en un bol, mezcla la sal, la pimienta, el comino, el orégano, el romero desmenuzado, el tomillo, el laurel triturado, el jengibre, los ajos, la mostaza y la cerveza.

2. Marinar el pollo: haz cortes leves sobre el pollo para que absorba mejor los sabores. Úntalo por completo con la mezcla, tanto por fuera como por dentro. Déjalo reposar cubierto en refrigeración por un mínimo de 8 horas (lo ideal es toda la noche).

3. Cocción:

- A la brasa: cocina a fuego moderado, girando constantemente durante 45-60 minutos, hasta que esté dorado y jugoso.
- Al horno: hornea a 180 °C sobre una rejilla con bandeja debajo durante 1 h y 15 min, rociando con sus propios jugos a mitad de cocción.

4. Servir: acompaña con papas crocantes, ensalada fresca y una buena salsita de ají.

Receta: Salsa de ají amarillo estilo Franklin Manrique

Una crema con carácter, perfecta para el pollo a la brasa o cualquier plato que se te antoje

Ingredientes

- 4 ajíes amarillos (sin venas ni semillas, sancochados)
- 1 pizca de orégano
- 1 huevo crudo
- 1 rama de huacatay
- 1 cucharadita de mostaza
- 1 cucharadita de vinagre (blanco o de manzana)
- Sal al gusto
- 50 g de queso fresco•
- 2 galletas de soda
- Leche (cantidad necesaria para lograr la textura deseada)

Preparación

1. Blanquear el ají: sancocha los ajíes durante unos minutos para quitar el exceso de picor; luego, escúrrelos bien.
2. Licuar todo: coloca en la licuadora los ajíes sancochados, orégano, huevo crudo, mostaza, vinagre, queso, galleta y una pizca de sal. Agrega un chorrito de leche y comienza a licuar.
3. Ajuste de textura: ve agregando más leche poco a poco hasta obtener una textura cremosa y ligera.
4. Probar y servir: ajusta sal o vinagre si deseas un toque más intenso. Sirve bien fría.

Receta: Salsa rosa con rocoto estilo Franklin Manrique

Una bomba de sabor con el picor justo, perfecta para carnes, papas, pollos y más

Ingredientes

- 2 rocotos (sin venas ni semillas, sancochados)
- 2 cucharadas de kétchup
- 1 huevo crudo
- 1 cucharadita de mostaza
- 1 chorrito de vinagre
- Sal al gusto
- 1 pizca de ajinomoto (opcional)
- Aceite (cantidad necesaria para emulsionar)

Preparación

1. Blanquear los rocotos: hierve los rocotos sin venas ni semillas de 3 a 5 minutos para quitar el exceso de picor. Déjalos enfriar.
2. Licuar: coloca en la licuadora los rocotos, el huevo, el kétchup, la mostaza, el vinagre, la sal y el ajinomoto.
3. Emulsionar: añade aceite en hilo fino mientras licúas hasta obtener una textura cremosa.
4. Servir: perfecta para papas, salchipapas o como *dip* picante.

13. El nacimiento del chef consultor

Después de trabajar en asadores, restaurantes y cocinas con historia, sentí que había llegado el momento de dar el siguiente paso. Ya no se trataba solo de cocinar bien: quería ayudar a otros a crear su propio camino. Así nació mi faceta de chef consultor.

Mi experiencia en costes, gestión, *marketing* gastronómico y conocimiento de sabores me permitió ofrecer algo más que recetas: ayudaba a construir conceptos de restaurantes, a mejorar operaciones y a enseñar a otros cocineros cómo lograr consistencia, rentabilidad y corazón en cada plato.

Una de las primeras asesorías que di fue para un pequeño local en Madrid. El dueño quería levantar su cocina y no sabía cómo. Rediseñamos la carta, ajustamos precios, entrené al personal y en pocas semanas las ventas subieron. La sonrisa del dueño al ver lleno su restaurante fue una señal clara para mí: ese era mi nuevo camino.

Desde entonces he asesorado proyectos en Europa y en Perú. Cada uno distinto, cada uno con su propia magia. En todos dejo un pedazo de lo que soy: tradición, creatividad, pasión y técnica. No hay nada más bonito que ver cómo otros logran sus sueños y saber que los ayudaste a dar ese paso.

14. Cocina asiática: Jardín de Guangzhou

El Jardín de Guangzhou no solo fue un restaurante, sino un verdadero punto de inflexión en mi carrera. Allí me sumergí de lleno en la cocina china y asiática, creciendo como chef y consultor, enfrentando nuevos desafíos y aprendiendo cada día.

Durante mi tiempo en el Jardín de Guangzhou, tuve la fortuna de conocer a Wei y Ling, los dueños del restaurante: un empresario y un chef excepcionales. Ellos fueron clave en mi adaptación a la cocina asiática. Wei, con su experiencia, y Ling, con su conocimiento profundo de la tradición culinaria china, fueron clave para que yo entendiera la importancia de cada ingrediente y técnica.

También conocí a Bamba, quien se encargaba de la cocina en su conjunto. Con su dedicación y entusiasmo, se convirtió en pieza fundamental del equipo. A pesar de su juventud, mostraba gran capacidad de aprendizaje y respeto por la cocina asiática.

Nunca olvidaré a Flavio, un joven de solo 22 años que pasó de aprendiz a jefe de cocina en tiempo récord. Con su energía y ganas de aprender, lo tomé bajo mi ala y le enseñé mis técnicas culinarias. Flavio pasó de ser un aprendiz para convertirse en jefe de cocina en tiempo récord, demostrando que, con el enfoque adecuado, incluso un chef joven puede legar lejos. Ver cómo evolucionaba y se desarrollaba como líder de cocina fue una de las satisfacciones más grandes de mi carrera.

Durante mi paso por el restaurante, creé uno de sus platos más emblemáticos: el Gambothai, que combina gambas frescas con una salsa de toques picantes, dulces y umami, conquistando rápidamente a los clientes.

El Jardín de Guangzhou fue un lugar de aprendizaje continuo, de compartir conocimientos y de construir relaciones que me hicieron crecer profesionalmente. Aquí entendí el verdadero valor del trabajo en equipo y que, en la cocina, todos somos parte de una historia que evoluciona día a día.

15. Revista *Miradas*: la portada de la gastronomía

Uno de los momentos más emocionantes de mi carrera como chef y consultor fue cuando la revista *Miradas* me incluyó en la portada de su edición 2 de *Miradas Gastronómica*. En esa reseña, se habló de mi trayectoria y cómo había logrado llevar la cocina peruana, mis raíces y mi estilo, a Europa y más allá.

La revista destacó mi paso de Cañete a Europa, mi experiencia en restaurantes de renombre en Italia y España, y cómo, a lo largo de los años, había fusionado la tradición de mi país con las influencias internacionales, sin perder la esencia de lo que somos como peruanos.

Lo que más me impactó fue cómo la reseña describió mi enfoque hacia la cocina: una fusión de creatividad y respeto por las tradiciones. Mi paso por restaurantes en el Perú, mi dedicación en Jardín de Guangzhou y la creación de platos como el Gambothai fueron puntos clave que marcaron mi carrera. Pero lo que realmente destacó la revista fue mi capacidad de adaptación y mi continuo aprendizaje, dos pilares que me han permitido crecer en un entorno tan competitivo y diverso como el de la gastronomía internacional.

El hecho de que la revista me diera ese espacio fue una validación de todo el esfuerzo, las horas de trabajo y la pasión que he puesto en cada plato y en cada enseñanza que he compartido con otros chefs. Fue un momento que me recordó que la cocina no solo se trata de sabores, sino también de contar historias, de transmitir nuestra cultura y de conectar a las personas a través de la comida.

16. Lucas Matheo, mi inspiración

El nacimiento de mi hijo, Lucas Matheo, marcó un antes y un después en mi vida. Él llegó a mi vida como un faro de luz, brindándome una razón aún más profunda para seguir persiguiendo mis sueños y superando cualquier desafío que se me presentara.

Desde el momento en que lo vi por primera vez, su mirada curiosa y su energía me recordaron que la vida, como la cocina, es un viaje de aprendizaje constante. Lucas Matheo me inspira todos los días a ser una mejor persona, un mejor padre y un mejor chef. Mi compromiso con él me ha llevado a seguir creciendo en mi carrera, buscando nuevas oportunidades y retos que, sé, serán un legado que algún día le podré contar.

Él me da fuerzas cuando los días son largos y difíciles, cuando la presión de la cocina o las demandas del trabajo parecen abrumadoras. Es por él que sigo esforzándome por alcanzar lo mejor de mí mismo y por seguir adelante, porque sé que cada paso que doy es también un paso para asegurarle un futuro lleno de oportunidades.

Lucas Matheo no solo es mi hijo, es la razón por la que todo lo que hago cobra más sentido. Cada plato, cada logro, cada reto que enfrento, tiene su nombre grabado en mi corazón.

Hoy, desde Europa, sigo cocinando con orgullo, llevando conmigo el nombre de mi región. Un cañetano haciendo patria con cada plato que cruza una mesa extranjera. Porque no importa dónde estemos; lo importante es nunca olvidar de dónde venimos.

Así empieza esta historia. Pero no termina aquí. Vendrán más relatos, más anécdotas y más recetas en una nueva edición. Quizás, con un poco de suerte, sea mi hijo Lucas quien escriba esas páginas conmigo, con su mirada fresca y sus manos jóvenes que ya sueñan con amasar, sazonar y servir.

La cocina es amor, es herencia y es unión. Mientras exista una mesa donde compartir, un hijo que pregunte, una madre que aconseje y una tierra que nos llame, este legado nunca acabará.

17. Mi viaje por los Pirineos de España

Cuando menos lo esperaba, me llegó una oferta de trabajo para la cadena hostelera Snö en Bielsa. Mi viaje a Bielsa fue de maravilla: conocí mucho, trabajé por primera vez fuera de Madrid e hice toda la temporada de verano y otoño allí. Los primeros días encontré cosas que no me parecían, porque cada cocinero tiene costumbres diferentes, pero me aseguré de hacer respetar normas.

Contacté con muchos cocineros y llegaron dos que marcaron esa etapa. Uno de ellos era un buen cocinero, pero lo que debemos siempre tener en la cocina es disciplina y seriedad. El otro, recién llegado al país, desconocía muchas cosas y tuve que formarlo.

Un consejo que siempre doy es que cuando llegues a un lugar nuevo debes escuchar y aprender. Siempre recuerdo una frase que me dijo mi hermano Javier y que guardo como un tesoro: *«En la cocina hay que ser pendejo para todo, no solo para las risas con el personal»*. Él se refería a que en la vida y en la cocina tenemos que ser espabilados, atentos y con ganas de aprender.

Ya había trabajado en hoteles de 4 y 5 estrellas, pero era mi primera vez en uno de 3 estrellas. Cuando me llegó la oferta, decidí darme la oportunidad de volver al mundo hotelero.

La primera semana fue una de las peores de mi vida laboral: sentía que no encajaba. Pero algo que siempre me ha acompañado es la persistencia, y eso fue lo que hice. Con el tiempo, los resultados comenzaron a fluir, aunque siempre con detalles por mejorar.

Un día teníamos un grupo importante y el menú era rabo de vaca guisada. Faltaban 30 minutos y la carne aún estaba dura. Sudaba frío porque sabía que algo iba mal: la carne no había llegado con la misma calidad que la última vez. En ese momento apareció Jordi, el director, y me preguntó cómo iba todo. Le conté lo sucedido y juntos pensamos en qué alternativa podíamos sacar en ese poco tiempo. Se me ocurrió hacer unos *tagliatelle* en salsa de mariscos. La cocina sonaba como una batería: ollas, cucharones, el estrés al máximo. Junto con mi segundo de cocina, preparamos el plato y lo sacamos a tiempo. Fue un día de locos, pero ese momento me enseñó que los cocineros no debemos rendirnos: siempre hay que buscar soluciones.

Jordi: una alianza de conocimiento y profesionalismo

Mi relación con Jordi, el director del hotel, fue creciendo con el paso de los días. No era un director que solo se quedaba en la oficina: él bajaba, observaba, preguntaba y, lo más importante, escuchaba. Tenía un estilo particular de liderazgo, muy directo, pero siempre con respeto. Esa cercanía fue clave para que la cocina se transformara en un espacio de confianza y profesionalismo. Recuerdo que, en más de una ocasión, cuando el estrés nos superaba, él entraba a la cocina y con calma decía: «Frank, ¿qué necesitas para que esto funcione mejor?». Ese gesto abría puertas a soluciones y no a reproches.

Lo que más valoré de Jordi fue que confiaba en mi criterio como cocinero. En aquel servicio del rabo de vaca lo demostró: en lugar de presionarme con la hora, me dio espacio para proponer la alternativa de los *tagliatelle* de mariscos. Esa decisión conjunta fue el reflejo de algo más grande: una alianza basada en respeto y conocimiento mutuo.

De Jordi absorbí una lección que no viene en los libros de cocina: la importancia de gestionar personas con humanidad y disciplina a la vez. La gastronomía no es solo técnica, también es organización, confianza y empatía. Él me enseñó que, cuando la dirección y la cocina se entienden, el restaurante fluye como una orquesta bien afinada. Esa alianza marcó la diferencia en mi temporada en Bielsa. Sentí que, más que trabajar para un hotel, estaba siendo parte de un proyecto donde se valoraba mi aporte. Y eso, en la carrera de un cocinero, es invaluable.

18. Consejos para los jóvenes cocineros

Ser cocinero no es una moda, es una forma de vida. La cocina es un mundo fascinante y lleno de recompensas, pero también es duro, exigente y muchas veces ingrato. Quiero dedicar este capítulo a todos los jóvenes cocineros que están empezando, a quienes sueñan con ponerse una chaqueta blanca y sentir el calor de los fogones.

La disciplina, la base de todo

La cocina no es solo creatividad. Lo primero que se necesita es disciplina. Respetar horarios, mantener la limpieza y cuidar el orden. Un servicio se gana o se pierde en los pequeños detalles: una tabla limpia, un cuchillo bien afilado, una *mise en place* organizada. Un chef que no respeta la disciplina nunca podrá guiar a un equipo.

Aprender a escuchar

Una de las lecciones más grandes que me dejó mi hermano Javier, como he comentado en el anterior capítulo, es esta: «En la cocina hay que ser pendejo para todo: para escuchar, para aprender y para no repetir errores».

No hay que tener miedo de preguntar, de mirar cómo lo hacen los demás, de aprender de un colega, de un maestro o incluso de un ayudante. En la cocina, cada persona puede enseñarte algo.

La paciencia como virtud

La cocina no te da resultados inmediatos. Vas a trabajar jornadas de doce, catorce o incluso más horas. Te vas a quemar las manos, te vas a cortar los dedos y vas a llorar de cansancio. Pero la paciencia es lo que te convierte en un cocinero de verdad. Cada plato bien hecho, cada sonrisa de un comensal, será tu recompensa.

Técnica y conocimiento gastronómico

A los jóvenes les digo siempre: no se queden solo con las recetas. Conozcan el porqué de cada cosa.

- Cortes: un buen *brunoise*, una juliana fina o un corte parejo son la base de una cocina elegante.
- Fondos y caldos: son el alma de muchas salsas. Un fumet bien hecho levanta cualquier plato.
- Tiempos de cocción: la diferencia entre un plato mediocre y uno memorable está en saber cuándo retirar la carne, el pescado o la pasta.
- La *mise en place*: no es solo preparar los ingredientes, es preparar tu mente para el servicio.

La creatividad con respeto

Innovar está bien, pero nunca hay que olvidar la tradición. Hay que respetar los platos que vienen de las abuelas, los sabores que marcaron a nuestras familias. La gastronomía es memoria y un plato puede contar la historia de un pueblo entero. Primero hay que aprender la técnica clásica, luego ya se juega con la fusión y la creatividad.

Liderar con el ejemplo

Un chef no es solo el que cocina, sino el que guía a su equipo. Un buen líder no grita por gritar, no humilla ni pisa a nadie. Liderar es estar al lado de tu equipo en los momentos difíciles, es enseñar con paciencia, es inspirar respeto a través de tu propio trabajo.

No hay que olvidar disfrutar

Con todo lo duro que es este camino, nunca hay que olvidar que la cocina también es alegría. El sonido de las ollas, el olor de un sofrito, el aplauso silencioso de un cliente satisfecho… Eso es lo que da sentido a todo.

Al final, ser cocinero es una mezcla de sacrificio y amor. Es duro, sí, pero es una de las profesiones más bonitas que existen porque cocinamos para dar felicidad. Mi consejo más grande es este: «Si realmente amas la cocina, nunca te rindas. El fuego de los fogones puede quemar, pero también ilumina».

19. Mi familia, mi legado

La cocina no es solo un oficio ni una pasión; es la memoria de quienes fuimos, la fuerza de quienes somos y la esperanza de quienes seremos. En cada plato que preparo están presentes las voces de mi familia, las risas de mi gente y los recuerdos de mi tierra.

Hoy quiero cerrar estas páginas con un homenaje a quienes han sido la raíz y el motor de mi vida.

En Perú, mis hermanas, Jhoana y Diana, junto con mi hermano Jean Carlos, cuidan con amor a nuestra madre, la legendaria Mamá Yola. Ella ya está mayor, pero en sus manos sigue viva la esencia de la cocina familiar: esa paciencia infinita para esperar el punto exacto de cada guiso, ese cariño para alimentar no solo el cuerpo, sino también el alma, y ese respeto por cada ingrediente, como si cada hoja de culantro o cada ají llevaran una historia escondida. Mamá Yola es y será siempre un símbolo de lo que somos: familia, esfuerzo y tradición.

A mi madre, María Mercedes, que vive en Roma junto con mi hermano Javier y mis sobrinos, le dedico estas palabras con gratitud y ternura. Desde la distancia sigue siendo ese pilar firme que inspira, aconseja y mantiene unida a la familia. Mis sobrinos crecen bajo su mirada, y me llena de ilusión escuchar que Ítalo sueña con seguir la herencia familiar. Ojalá ese fuego se mantenga encendido, porque el legado no es una carga; es una semilla que germina cuando encuentra tierra fértil y existen manos dispuestas a cultivarla.

Y en medio de este camino está mi hijo, Lucas Matheo, mi motor, mi inspiración diaria y mi razón para no rendirme nunca. Recuerdo como si fuera ayer el día en que me dijo: «Papá, quiero ser grande y cocinar contigo».

Ese instante quedó grabado en mi corazón. Comprendí que el tiempo pasará, que él elegirá su propio camino, pero guardo la esperanza de que, si así lo decide, el suyo será el de la hostelería profesional. Y si no fuera así, no importa; lo importante es que viva con pasión, con entrega y con amor por lo que haga, porque de eso se trata la vida y, sobre todo, la cocina.

Este libro es, al mismo tiempo, un tributo y un agradecimiento. Un tributo a Cañete, mi tierra querida, cuna de tradición, de cultura y de sabor. Y un agradecimiento a todos los jóvenes cocineros, chefs y empresarios que, como yo en su momento, alguna vez dudaron si era posible lograrlo. A ellos les digo que sí, que se puede. Con disciplina, amor y sacrificio, se puede transformar un sueño en un plato, y un plato en una historia que trasciende.

Por eso les invito, cuando vayan a Perú, a visitar Cañete y probar nuestra sopa seca, plato emblemático de la región. En esa receta humilde pero majestuosa se encuentran las raíces afroperuanas, el mestizaje criollo y la pasión de un pueblo que supo transformar la escasez en arte. Cada bocado de sopa seca es una lección de historia, una caricia de la abuela, un recuerdo de la infancia y una promesa de futuro.

Frases del chef Franklin Manrique

1. «La cocina no solo es un arte, es una historia que se cocina a fuego lento, con pasión, dedicación y el sabor de cada experiencia vivida».

2. «Cada plato que preparo es un homenaje a mi familia, a mi tierra y a la tradición culinaria que me ha enseñado a nunca dejar de soñar y cocinar con el alma».

RECETAS DEL CHEF FRANKLIN MANRIQUE

Receta de Gambothai

Ingredientes

- 500 g de gambones (pelados y desvenados)
- 1 taza de guisantes (frescos o congelados)
- 1 zanahoria (cortada en tiras finas o rodajas)
- 2 cucharadas de curry rojo
- 2 cucharadas de salsa de pescado
- 1 batata (cocida y cortada en rodajas o en puré)
- Harina (para rebozar las gambas)
- Aceite para freír

Preparación

1. Rebozar las gambas: en un bol, pasamos los gambones por harina para cubrirlos de manera uniforme. Luego, se fríen en aceite caliente hasta que estén dorados y crujientes. Retira y resérvalos sobre papel absorbente.
2. Guisar los vegetales: en una sartén grande, añade un poco de aceite y saltea los guisantes y la zanahoria durante 2-3 minutos, hasta que estén tiernos pero aún crujientes.
3. Agregar el curry rojo: incorpora el curry rojo y la salsa de pescado a los vegetales, mezcla bien para que se impregnen con las especias y los sabores. Cocina durante 3-4 minutos, permitiendo que los sabores se integren.

4. Reducir la salsa: añade un poco de agua o caldo para ayudar a formar una salsa suave. Cocina a fuego medio hasta que la salsa se haya reducido y los ingredientes estén bien combinados.

5. Emplatar: en un plato, coloca las rodajas de batata (puedes hacerlas al vapor o como puré). Luego, sirve las gambas rebozadas sobre el guiso de guisantes y zanahorias con el curry rojo.

6. Toque final: puedes añadir un toque adicional de cilantro fresco o cebollín por encima para decorar.

Este Gambothai ofrece una mezcla deliciosa de sabores picantes del curry rojo y la suavidad de la batata, creando un equilibrio perfecto para los gambones rebozados.

Causa Manrique

Ingredientes

- 1 kg de papa amarilla (cocida y prensada)
- 300 g de pollo desmenuzado (cocido)
- 2 aguacates maduros
- ½ taza de mayonesa
- Jugo de 2 limones
- 1 cucharada de ají amarillo en pasta
- ¼ de taza de caldo de pollo (opcional)
- 2 cucharadas de cilantro picado
- Sal y pimienta al gusto
- Aceitunas negras y huevo duro para decorar

Preparación

1. Preparar la base de la causa: en un bol, mezcla las papas cocidas y prensadas con el ají amarillo, el jugo de limón, la sal y la pimienta. Si está muy espeso, puedes añadir un poco de caldo de pollo para que tenga una consistencia suave pero firme.
2. Preparar el relleno: mezcla el pollo desmenuzado con mayonesa, cilantro picado y un toque de sal y pimienta. Si deseas un toque cremoso, puedes agregar un poco de aguacate triturado a esta mezcla.
3. Montar la causa: en un molde o plato, coloca una capa de la mezcla de papa. Luego, coloca una

capa del relleno de pollo y aguacate. Cubre con otra capa de papa. Refrigera por unos 30 minutos.

4. Decorar: decora con aceitunas negras y rodajas de huevo duro para darle el toque final. Sirve fría como entrada.

Pulpo al olivo

Ingredientes

- 1 pulpo grande (limpio y cocido)
- ½ taza de aceitunas negras (sin hueso)
- ¼ de taza de mayonesa
- 1 cucharada de mostaza
- Jugo de 1 limón
- 1 diente de ajo
- 1 cucharada de aceite de oliva
- Sal y pimienta al gusto
- Hojas de albahaca (opcional para decorar)

Preparación

1. Cocinar el pulpo: cocina el pulpo en agua con sal por aproximadamente 45 minutos o hasta que esté tierno. Luego, córtalo en rodajas finas.
2. Preparar la salsa de oliva: en una licuadora o procesador de alimentos combina las aceitunas negras, mayonesa, mostaza, jugo de limón, ajo, aceite de oliva, sal y pimienta. Licúa hasta obtener una salsa suave.
3. Montar el plato: coloca las rodajas de pulpo en un plato y cubre con la salsa de oliva. Decora con hojas de albahaca.
4. Servir: sirve inmediatamente como entrada fría, acompañada de unas galletas saladas.

Carapulcra chinchana

Ingredientes

- 1 kg de papa seca (cocida y deshidratada)
- 300 g de carne de cerdo (en trozos)
- ½ taza de ají panca
- 2 cucharadas de pasta de tomate
- 1 cebolla picada
- 2 dientes de ajo picados
- ½ taza de maní tostado
- ¼ de taza de caldo de carne
- Sal y pimienta al gusto

Preparación

1. Cocinar la carne: en una olla sofríe la carne de cerdo con un poco de aceite hasta dorarla. Agrega la cebolla y el ajo, y cocina hasta que estén dorados.
2. Preparar la salsa: agrega la pasta de tomate y el ají panca a la carne, junto con un poco de caldo de carne. Cocina a fuego lento durante 20 minutos.
3. Rehidratar la papa seca: en una olla con agua caliente, rehidrata la papa seca por unos minutos hasta que se ablande. Luego, córtala en trozos pequeños.
4. Montar la carapulcra: Incorpora la papa rehidratada a la salsa de carne y mezcla bien. Agrega el maní tostado para darle el toque final de textura.
5. Servir: sirve caliente, acompañada de arroz blanco o yuca (mandioca).

Picarones

Ingredientes

- 500 g de zapallo (calabaza) cocido y triturado
- 500 g de camote (también conocido como batata o boniato)
- ¼ de taza de azúcar
- 2 cucharadas de levadura seca
- ¼ de cucharadita de anís en polvo
- ½ cucharadita de sal
- 1 taza de harina
- ½ taza de agua tibia
- Aceite para freír
- Miel de chancaca (para servir)

Preparación

1. Preparar la masa: en un bol mezcla el zapallo y camote triturado con azúcar, levadura, anís, sal y harina. Agrega el agua tibia poco a poco, hasta obtener una masa suave pero pegajosa. Deja reposar durante 1 hora para que la levadura haga efecto.
2. Freír los picarones: calienta el aceite en una sartén honda. Usa una manga pastelera o tus manos para formar los picarones, dándoles forma de anillos.

3. Cocinar: fríe los picarones hasta que estén dorados y crujientes por fuera. Retira y colócalos sobre papel absorbente.

4. Servir: sirve caliente, bañados en miel de chancaca.

¡DULCE COMO LA MIEL Y SABOR A CANELA!

Mazamorra de pan

Ingredientes

- 4 rebanadas de pan de molde (mejor si es del día anterior)
- 1 taza de leche
- ½ taza de azúcar
- ¼ de taza de pasas (opcional)
- 1 rama de canela
- 1 clavo de olor
- ½ taza de crema de leche
- 1 cucharada de esencia de vainilla
- 1 cucharadita de maicena (opcional, para espesar)

Preparación

1. Preparar la base de la mazamorra: coloca el pan en una cacerola con la leche, el azúcar, la canela y el clavo de olor. Cocina a fuego medio, removiendo constantemente hasta que el pan se deshaga y la mezcla adquiera una consistencia espesa.
2. Añadir la crema y las pasas: agrega la crema de leche y las pasas, si estás usando. Remueve bien y cocina durante unos 5 minutos más. Si deseas una mazamorra más espesa, puedes disolver la maicena en un poco de leche fría y añadirla a la mezcla, cocinando hasta que espese.

3. Finalizar: retira la mazamorra del fuego y añade la esencia de vainilla. Mezcla bien.
4. Servir: sirve caliente o fría, como postre o acompañante de una buena comida peruana.

Una de las formas de hacerme sentir feliz sin tener mucho era este postre que endulzaba mi corazón.

Gracias, MAMÁ YOLA

Croquetas de ají de gallina

Ingredientes

- 1 pechuga de pollo cocida y desmenuzada
- 2 cucharadas de aceite de oliva
- 1 cebolla picada finamente
- 2 dientes de ajo picados
- 1 ají amarillo fresco (sin semillas) picado
- ½ taza de caldo de pollo
- ½ taza de crema de leche
- 2 cucharadas de queso parmesano rallado
- ½ taza de pan rallado
- 2 huevos batidos
- Harina (para empanizar)
- Sal y pimienta al gusto
- Aceite para freír

Preparación

1. Preparar el relleno: en una sartén calienta el aceite de oliva y sofríe la cebolla, el ajo y el ají amarillo hasta que estén dorados. Añade el pollo desmenuzado, el caldo de pollo, la crema de leche y el queso parmesano. Cocina durante 10 minutos hasta que la mezcla espese. Sazona con sal y pimienta. Deja enfriar.
2. Formar las croquetas: toma pequeñas porciones de la mezcla y forma croquetas con las manos.

Pasa cada croqueta por harina, luego por huevo batido y, por último, por pan rallado.

3. **Freír:** fríe las croquetas en aceite caliente hasta que estén doradas y crujientes. Escurre sobre papel absorbente.

4. **Servir:** sirve caliente como aperitivo o entrada, acompañada de una salsa de ají o mayonesa.

Suspiro a la limeña

Ingredientes

Para el manjar blanco:

- 1 lata de leche condensada
- 1 taza de leche evaporada
- ¼ taza de azúcar
- 1 rama de canela
- 1 clavo de olor
- 2 yemas de huevo
- 1 cucharadita de esencia de vainilla

Para el merengue:

- 4 claras de huevo
- 1 taza de azúcar
- ¼ taza de vino o pisco
- 1 ramita de canela en polvo (para decorar)

Preparación

1. Preparar el manjar blanco: en una cacerola, coloca la leche condensada, la leche evaporada, el azúcar, la canela y el clavo de olor. Cocina a fuego lento, removiendo constantemente hasta que la mezcla espese. Luego, retira del fuego y agrega las yemas de huevo batidas, mezclando

bien. Cocina por unos minutos más, sin dejar de remover. Agrega la esencia de vainilla y reserva.

2. Preparar el merengue: en un bol bate las claras de huevo hasta formar picos suaves. Agrega el azúcar poco a poco y sigue batiendo hasta obtener un merengue firme. Incorpora el vino o pisco y continúa batiendo hasta que esté bien integrado.

3. Montar el suspiro: sirve el manjar blanco en copas individuales; luego, cubre con el merengue. Cocina el merengue bajo el grill del horno por unos minutos para dorarlo ligeramente.

4. Servir: decora con canela en polvo y sirve frío. Disfruta de este delicioso postre limeño.

Tagliatelle en salsa de mariscos

Salsa madre de mariscos (base)

Esta salsa es la base para luego enriquecerla con diferentes mariscos o pescados.

Ingredientes

- 500 g de cabezas y cáscaras de camarones, langostinos o similares
- 1 cebolla
- 1 puerro
- 1 zanahoria
- 2 dientes de ajo
- 2 tomates maduros
- 100 ml vino blanco
- 1 litro de fumet de pescado (o agua)
- 50 ml aceite de oliva
- Sal, pimienta y laurel

Preparación

1. Sofríe en aceite las cáscaras y cabezas de los mariscos hasta que cambien de color y desprendan aroma.
2. Añade cebolla, puerro, zanahoria, ajo y sofríe bien.
3. Incorpora el tomate troceado y sofríe hasta concentrar.
4. Desglasa con vino blanco y deja evaporar.
5. Añade fumet, sal, pimienta y laurel. Cocina 25-30 minutos a fuego medio.
6. Tritura todo y pasa por colador fino.
7. Obtendrás una salsa aterciopelada, ideal para pastas y arroces.

Tagliatelle en salsa de mariscos (receta clásica)

Ingredientes (4 personas)

- 400 g de *tagliatelle* fresco
- 500 g de mixtura de mariscos (camarones, calamares, mejillones, almejas…)
- 1 taza de salsa madre de mariscos
- 2 dientes de ajo
- 100 ml vino blanco
- Aceite de oliva, perejil fresco, sal y pimienta

Preparación

1. Cocina la pasta en abundante agua con sal. Reserva un poco del agua de cocción.
2. Sofríe el ajo en una sartén grande.
3. Añade la mixtura de mariscos y saltea hasta que se abran los moluscos y se doren ligeramente los camarones.
4. Desglasa con vino blanco y deja reducir.
5. Incorpora la salsa madre de mariscos y mezcla. Ajusta con un poco de agua de la pasta si es necesario.
6. Añade la pasta directamente a la sartén y mezcla bien.
7. Termina con perejil fresco picado.

Variantes de la receta

- Con crema: agrega 100 ml de nata o crema de leche a la salsa madre antes de mezclar con la pasta y obtendrás un resultado más suave.

- Picante: sofríe guindilla o *peperoncino* con el ajo y tendrás un estilo mediterráneo con un toque picante.

- Al pomodoro: mezcla salsa madre de mariscos con tomate triturado para un sabor más fresco y mediterráneo.

- Con azafrán: añade unas hebras en la salsa madre para un perfume especial, muy usado en la cocina italiana y española.

Epílogo

Esta historia no termina en la última receta, ni en el último viaje, ni siquiera en el reconocimiento. La historia continúa cada día, en cada fogón encendido, en cada plato servido con amor y en cada persona que cree que la cocina es más que comida: es memoria, identidad y pasión.

Hoy miro hacia atrás con gratitud y hacia adelante con esperanza. Desde las playas de Cerro Azul hasta los salones de Madrid, desde los concursos con mi madre hasta los premios más inesperados, he aprendido que lo más importante no es de dónde vienes, sino cómo cocinas tu destino.

Este libro no es solo mío. Es de mi familia, de mis hermanos, de quienes me enseñaron con dureza y amor. Es de los amigos que creyeron en mí, de los maestros que me marcaron, de los comensales que confiaron en mis manos y, sobre todo, es de Lucas Matheo, mi hijo, mi mayor inspiración. A él le debo la fuerza de seguir soñando.

Gracias por recorrer este viaje conmigo. Ahora te toca a ti, lector, prender la hornilla, abrir tu corazón y preguntarte: «Hijo, ¿qué cocinamos hoy?».

Chef Franklin Manrique

Este libro no solo recoge recetas, recoge memorias, fuego, cariño y aprendizaje. Mi historia con mi familia, con mi abuela, con mi madre, con mis hermanos, con mis raíces. Mi hijo es un ingrediente nuevo en esta cocina de la vida y juntos seguimos cocinando historias que alimentan el alma.

Franklin Manrique H.

Índice